AF503512

CATALOGUE

D'UNE BELLE COLLECTION

DE LIVRES,

**LA PLUPART DE MÉDECINE, DE MU-
SIQUE, INSTRUMENS DE MUSIQUE,
ET OBJETS DIVERS.**

DÉLAISSÉS PAR FEU

Mr CHARLES TOOMKINS,

EN SON VIVANT, DOCTEUR EN MÉDECINE, ET PREMIER
MÉDECIN DE L'HÔPITAL SAINT-JEAN A BRUGES,

ET FEU

Mr PASCHAL DE ZUTTER,

DOCTEUR EN MÉDECINE, A THOUROUT.

La VENTE en sera faite en la demeure (rue Notre-
Dame, à Bruges) et sous la direction de FELIX DE
PACHTERE, le mardi 28 octobre 1828 et jour suivant,
à dix heures du matin, et à deux heures de relevée,
aux conditions ordinaires, à prélire avant chaque
vacation.

BRUGES,

IMPRIMERIE DE FELIX DE PACHTERE,

imprimeur de l'École de Médecine.

On pourra examiner les livres et autres objets de ce Catalogue, les jours de vente, depuis neuf heures du matin.

L'Imprimeur se chargera des commissions pour la Vente.

FELIX DE PACHTERE,

Imprimeur de l'*École de Chirurgie*, rue Notre Dame,

DÉBITE :

Manuel de matière médicale, par Edwards et Vavasseur. Nouv. édition. Prix . . . . Fl. 2-25 c^{ts}.

De l'irritation et de la folie, par Broussais. Fl. 2-00 c^{ts}.

Nouveaux élémens de pathologie médico-chirurgicale, par Roche et Sanson ; 4 vol. in-8°, publiés en huit livraisons.

Cet ouvrage qui sera réimprimé par souscription, sera fourni au prix d'un florin par livraison ; après la mise en vente de la première livraison, le prix sera augmenté pour ceux qui n'auront pas souscrit.

Traité des maladies chirurgicales et des opérations qui leur conviennent, par le Baron Boyer ; 12 livraisons. Prix par livraison . . . . Fl. 1-50. c^{ts}.

Dix livraisons de cet excellent ouvrage sont en vente ; après la publication de la 12me, le prix en sera augmenté.

Traité de l'auscultation médiate et des maladies des poumons et du cœur, par Laennec. Nouv. éd. 3 vol. *avec fig.* in-8°. Prix . . . . Fl. 6-00 c^{ts}.

Histoire des phlegmasies, par Broussais. 3 vol. in-8°, avec le portrait de l'auteur . . . . . Fl. 7-50 c^{ts}.

Cours théorique et pratique d'accouchemens, par Capuron. Un vol. in-8°. . . . . Fl. 2-50 c^{ts}.

Traité des maladies vénériennes, par Lagneau, 2 vol. in-8°, publiés en 3 livraisons. Prix Fl. 3-75 c^{ts}.

Le même imprimeur-libraire débite tous les ouvrages de médecine, de chirurgie et de pharmacie.

CATALOGUE

DE

LIVRES.

IN-OCTAVO.

NUMÉRO I.

MÉMOIRES sur la vie de Mlle Ninon de Lenclos. Amst. 1758. 2 t. 1 vol. v.

— Traité sur la prière publique. Liège 1715. v.

2 Apophthegmata, lepidèque dicta principum, philosophorum etc.

— J. B. Montani Consultationum medicinalium centuria.

3 Principes de chirurgie, par De La Faye. Paris 1773.

— Pratiques des maladies croniques ou habituelles.

4 Précis de la médecine pratique, par Lieutaud. Paris 1776. 3 vol. v. m.

5 Dictionnaire de Médecine Pratique et de chirurgie, par Pougens. Gand 1817. 2 vol. *Demi-rel.*

6 First lines of the practice of physic, by W. Cullen. Edinburgh 1784. 4 vol. gr. 8°. v.

7 Mémoire couronné, sur cette question : Quels sont les signes qui indiquent ou contr'indiquent la Saignée etc. Par Van Rotterdam. Gand 1816.

— Analyse d'un cours du docteur Gall, ou physiologie et anatomie du cerveau d'après son système. Paris 1808.

8 Wetten ende costumen der stadt Brugghe, met de
notulen van L. Van Den Hane. — Costumen
van het princelyk leen-hof van den burgh van
Brugghe, door den zelven. — Keuren ende costumen van den lande van den Vryen, door den
zelven. Gendt 1767. v.

9 De l'influence des agens physiques sur la vie; par
W. F. Edwards. Paris 1824.

10 New practice of physic; by Petershaw. London 1753.
2 vol. v.
Observations on the diseases of the army; by J.
Pringle. London 1764. v.

11 G. Van Swieten, Commentaria in H. Boerhaave
Aphorismos de cognoscendis et curandis morbis.
Lovanii 1773--1775. 10 vol.

12 Lectures on the materia medica, by W. Cullen.
Dublin 1781. *Demi-rel.*
Cours de chymie; par Lemery.

13 Apparatus medicaminum, tam Simplicium quam præ-
paratorum et compositorum, in praxeos adjumen-
tum consideratus; auct. J. A. Murray. 1784--
1794. 6 volumes.

14 The Edinburgh new dispensatory : containing 1° the
Elements of pharmaceutical chemistry, 2° the materia medica, 3° pharmaceutical preparations, 4° me-
dicinal compositions. Edinburgh 1786. gr. 8°. *d.-r.*

15 Élémens de médecine théorique et pratique; par
Tourtelle. Paris 1805. 3 vol. gr. 8°. v.

16 Histoire des phlegmasies ou inflammations chroniques,
par F. J. V. Broussais. Brux. 1822. 3. vol. gr. 8°.

17 Dictionnaire portatif de santé, dans lequel tout le
monde peut prendre une connoissance suffisante
de toutes les maladies etc. Paris 1760. 2 vol. v.

18 Élémens de médecine, de J. Brown, traduits de l'o-
riginal latin, avec des additions etc. par Fouquier.
Paris 1805. *dem-rel.*

19 Manuel de santé, ou nouveaux élémens de médecine
pratique; par Robert. Paris 1805. 2. v. *Demi-rel.*

(5)

20 Cours d'opérations de chirurgie, par Dionis. Brux. 1708.
Précis des maladies chroniques et aiguës, par Dide-
lot. Nanci 1774. 2 vol.

21 Traité de matière médicale, par Cullen; trad. de l'an-
glais, par Bosquillon. Paris 1789. 2 vol. *Demi-rel.*

22 A. V. Haller, Primæ lineæ Physiologiæ. Lausannæ
1771. v.
Quarin, Methodus medendarum febrium. Franco-
furti 1779. v.

23 D. Macbride, Introductio methodica in theoriam et
praxin medicinæ. Ex linguâ anglicâ in latinam
convertit J. F. Clossius. Lausannæ 1783. 2 vol.

24 De Quarin, Animadversiones practicæ in diversos
morbos, editio Viennensi auctior atque emendatior.
Curavit, præfationemque adjecit J. L. Kesteloot.
Gandavi 1820. 2 vol.

25 Materia medica è regno vegetabili, sistens simplicia
officinalia, pariter atque culinaria. Digessit P. J.
Bergius. Stockholmiæ 1782. v.

26 Th. Sydenham Opera universa. Lugd. Bat. 1726. v.
Grondbeginsels der grieksche taele.

27 Trois siècles de la littérature françoise (par Sabatier de Castres). Paris 1774. 4 vol. v.

28 La médecine raisonnée de F. Hoffmann; trad. par
Bruhier. Paris 1739 — 1743. 9 vol. *demi-rel.*

29 Médecine de l'esprit, par A. Le Camus. Paris 1753.
2 vol. v.

30 Développement de la théorie des lois criminelles, par
la comparaison de plusieurs législations anciennes
et modernes; par S. Bexon. Paris 1802. 2 gros vol.

31 Code d'instruction criminelle. Paris 1809.
Code des délits et des peines.

32 Spectateur belge, par L. De Foere. 8 *cahiers de
la première série.*

33 Monthly repertory of english literature. 1811--1813.
9 *livraisons.*

34 Annales de la médecine physiologique, par F. J. V.
Broussais. 1822—1823.

Bibliothèque médicale nationale et étrangère, journal auquel on a réuni les Annales de la médecine physiologique, 1824--1825.

35 OEuvres diverses de Pope. Traduites de l'anglois ; nouvelle édition augmentée de plusieurs pièces et de la vie de l'auteur. Vienne 1761. 7 vol. v. *avec fig. en taille-douce.*

36 Juvenalis et Auli Persii Flacci Satyræ. Tabulis æneis illustravit, et notas variorum selectas, suasque addidit G. S. Cantabrigiæ 1763. gr-8°. *fig.*

37 Manuductio ad linguam burgundicam.
J. Cæsaris Commentarii de bello gallico.
Vry zee-bevaeringhe, door Pattyn.
La gastronomie, ou l'homme des champs à table. Paris 1803.

38 Enarrationum medicinalium, libri sex.
Breviarium romanum. *Pars hyemalis et verna.*

39 Fables de Phèdre, traduites en françois, avec des remarques.
Pensées de Cicéron, traduites par l'abbé d'Olivet. Paris 1787. v.

40 The practical navigator. London 1779.
History of the Revolutions thath happened in the government of the Roman republic; by the abbat de Vertot. London 1770. 2 vol.
New geographical, historical, and commercial grammar; by W. G. Guthrie. Dublin 1771.

41 Dictionnaire historique de la médecine, contenant son origine, ses progrès; l'histoire des plus célèbres médecins etc. Liège 1755. 2 vol. v.

42 Disputatio de homagio et obsequiis, quæ domino directo debent vasalli.
Medicinalium observationum libri tres.
Portugeese en nederduitse spraakkonst. Lisboa, 1742.

43 Tractaet van den inbrinck in de sterfhuysen.
Batavische Arcadia.
Q. Curtius; de Rebus Alexandri Magni.

44 Nouvelle pratique médicinale de Gladbach.

De Sympathiâ, seu consensu partium corporis humani, in statu morboso, dissertatio medica.
The Lucubrations of Isaac Bickerstaff. London 1720.
2 vol. v.

45 De arte Rhetorica.
L'homme de cour.
Van Torre, Dialogi.
Sure methods of attaining ai long and healthful life.

46 Ciceronis Epistolæ familiares.
Théatre de Corneille. Paris 1664. 2 vol. v.
Traité des maladies et des remèdes.

47 Halleri, Opuscula pathologica. Lausannæ 1755. v. m.
The first principles of astronomy and geography.
London 1726.
Selectæ è profanis scriptoribus historiæ. Lond. 1780. v.

48 Sophonisba : or Hannil's overtrow.
Les conseils de la sagesse.
Des weireldts ydelheydt, pynelyck gheniet ende
ellendighen uytganck.

49 Selectæ Ciceronis et Plinii Epistolæ.
Observationum de febribus, libri duo.
Epitomes omnium Galeni Operum.

50 Histoire naturelle, générale et particulière, par Buffon.
Deux-Ponts 1783—1790
Histoire générale 13 volumes.
Quadrupèdes 12.
Oiseaux 18.
Mineraux 9 — ensemble 52 vol. remplis de figures.

51 The Idler. By the author of the Rambler. London
1783. 2 vol.
L'onanisme. Dissertation sur les maladies produites
par la masturbation. Lausanne 1764. v.
Mémoires secrets, pour servir à l'histoire de Perse.

52 OEuvres de Racine. Amst. 1744. 2 vol.
Génie. Pièce en cinq actes.

53 Virgilii Maronis Opera.
Amor divinus adumbratus in D. N. Jesu Christe
elegiarum libri IV.

Flavissæ poëticæ, sive electorum poeticorum thesaurus.

54 Deux paquets d'hazard.

55 Practical measuring. London 1777.
The british negociator. Ibid. 1784.

56 Expériences physiques sur la manière de rendre l'eau
de mer potable.
Medicinales epistolæ.
Gebruyk en misbruyk van de Thée.
Ovidii Metamorphoseon.
Historia regni Henrici septimi.

57 Deux paquets d'hazard.

58 Deux idem.

59 Deux idem.

60 Medical and philosophical Commentaries. By a So-
ciety of physicians in Edinburgh. London 1774-
1777. 4 vol. v.

61 Comptes-faits pour les changes, par Neron. Brux.
1773. v.
Herders leven, door Virgilius.
OEuvres de Boileau.

62 R. Montani, medici Dixmudensis, Diætema.
Frambesarii, Canonum medicinalium libri tres.
La Pucelle, par Chapelain.
Morborum internorum curatio.

63 Vita S. Petri Thomasii, à G. Henschenio.
La religion chrétienne justifiée au tribunal de la
philosophie et de la politique.
L'homme des champs, par Delille.
La pitié, par le même.

64 Trois livres de médecine.

65 Les métamorphoses ou l'asne d'or de L. Apulée.
fig. en taille-douce.
Paraphrases Odarum 24 è Q. Hor. Flacci libro primo.
Commentaires de César de la guerre des Gaules.

66 Dictionary english-latin; and latin-english.
Trois livres de médecine.

67 Consultations de médecine, de Barthez. Paris 1807.
2 vol. *défectueux.*

(9)

68 La médecine clinique, Par Pinel. Paris 1804.
Coup d'œil sur les révolutions et sur la réforme de
la médecine; par Cabanis. Ibid. 1804.

69 Q. Horatius Dichtkunst, op onze tyden en zeden ge-
past, door A. Pels.
Van Vondels Palamedes, of vermoorde onnoozelheyd.
Vorstelick treur-toonneel, of op en ondergang der
grooten. *met portraiten.*

70 Degneri, Historia medica.
Boerhaave, de Materiâ medicâ.
Van Swieten, Commentariorum in H. Boerhaave
Aphorismos compendium.
Pharmacopœia Bateana.

71 Code de procédure civile.
—— de commerce.
—— des délits et des peines.
Acte d'accusation de Georges, Pichegru, Moreau et
autres.

72 Dictionnaire portatif de santé. Sixième édit. Paris
1777, 2 volumes.
Dictionnaire portatif de chirurgie, ou tome 3 du
Dictionnaire de santé. Ibid. 1777.

73 Recherches physiologiques sur la vie et la mort; par
Bichat. Paris 1805.
De l'état actuel du Royaume des Pays-Bas, et des
moyens de l'améliorer. Brux. 1819. t. 1er.

74 Fabelen van J. De La Fontaine, in nederduitsche
vaerzen overgebragt door J. Nomsz. Amst. 1786.
5 deelen, ontbreekt het eerste deel.

75 Considérations sur la cause de la grandeur des Romains.
Tissot, de variolis, apoplexiâ et hydrope.
Histoire de la dernière guerre.
Loix et arrêtés sur l'organisation de l'ordre judiciaire.

76 Pharmocopœa Genevensis ad usum nosocomiorum.
Quatre autres livres de médecine.

77 Roland furieux. Poëme héroïque de l'Arioste, trad.
par de Tressan. Paris 1780. 5 volumes.

78 Henrik de vierde, door G. Klinkhamer.

Lofrede op H. Boerhaave, door Kesteloot.

De koepok-inenting, door den zelven.

Abrégé de la Géographie moderne.

Déclaration de S. Em. le cardinal de Franckenberg.

79 Repertorium remediorum indigenorum, auct. Wauters. Gandæ 1810.

L'art de gagner sa vie, d'augmenter ses revenus, et de parvenir à la fortune, par Mossé. Paris 1823.

80 Institutiones pathologiæ medicinalis.

Histoire de la guerre de Flandre, de F. Strada.

Des Roches, Épitome historiæ Belgicæ.

81 Tissot, Essai sur les maladies des gens du monde.

———— Dissertatio de febribus biliosis.

———— De variolis, apoplexiâ et hydrope.

Monita et precepta medica.

Pharmacopœa Amstelredamensis.

82 Vie de Joseph II.

Almanach de Bruxelles, pour l'an X de la république.

Constitution de la république française.

83 Vermaakelykheden ontrent de vryheyd der heelkonst.

Dispensatorium pharmaceuticum Austriaco-Viennense.

Lummii, de Sanitate tuendâ.

84 Detail historique et curatif de la fièvre maligne.

Verhandeling van het podagra en het vliegende jigt.

Annæi Senecæ Opera omnia.

85 Hosschii Elegiarum, item Becani Idyllia et Elegiæ.

Tilingius, de febribus petechialibus tractatus curiosus.

P. Barbette, Opera chirurgico-anatomica.

86 Observations et dissertations de médecine pratique, par Tissot. Lausanne 1780. 2 vol.

Avis au peuple sur sa santé, par le même. t. 2.

Aretæi, medici insignis, libri septem. Argentorati 1768.

Boerhaave, Aphorismi de cognoscendis et curandis morbis.

87 OEuvres du Sr Rousseau. 2 volumes.

Anti-Rousseau.

Nouvelle procédure criminelle et correctionnelle. 2 vol.

(11)

88 Hartman , Formulæ Remediorum in Materiam medicam et chirurgicam. Lov. 1772. Et quatre livres de médecine.
89 The modern practice of physic, by R. Thomas.
  London 1813.
  Spectacle de la nature. t. 2 et 8. *fig.*
90 Médecine domestique, par Buchan. t. 3, 4 et 5. v.
  Histoire des Arabes. t. 4.
  ———— de France. t. 6.
91 Pironiana et Fontainiana. 2 vol.
  Anti-Lucretius, t. 2, v.
  Code civil.
92 Trois paquets d'hazard.
93 Trois idem.
94 Trois idem.
95 Clarisse Harlowe. Traduction nouvelle et seule com-
  plète; par Le Tourneur. Geneve 1785-1786.
  14 vol. *Avec figures.*
96 Trois paquets d'hazard.
97 Trois idem.
98 Trois idem.
99 Commentaries on the Laws of England. London
  1795. t. 5. v. *Avec fig. en taille-douce*
  Recueil des arrêtés de la préfecture du département
  de la Lys.
  Nouveaux élémens de thérapeutique, par Alibert.
  Paris an XII. t. 1er. v.
100 Deux paquets d'hazard.
101. De officio sacerdotis.
  Tractatus de jure sistendi.
  Thesaurus contexendarum epistolarum.
102 Prosodia latina, ars metrica et poetica. Brux. 1783. v.
  Historiæ Romanæ res memorabiles. Ibid. 1778. v.
103 Codex civilis judiciarius. Viennæ 1785. — Instructions générales pour les tribunaux de justice. Gand
  1787.
  De l'état de la France, présent et à venir ; par M.
  De Calonne. Londres 1790. *demi-rel.*

Elementa arithmeticæ et algebræ. Lov. 1782. -- Geo-
metria elementaria et practica. Ibid 1785. *Demi-
rel. fig.*

Grammaire grecque, par Furgault.

104 Grondregels der grieksche taele. Brussel 1783. v.
Syntaxis Lovaniensis. 1796. v.

105 Benedicti XIV, Casus conscientiæ. 4 vol.

106 Gradus ad Parnassum.
Phrases Aldi Manutii.
Rhetorica C. Valerii.

107 Leçons de physique expérimentale, par l'abbé Nollet.
Paris 1753-1755. 5 vol. v. *Avec figures.*

108 Flores latinæ locutionis.
Flavissæ poëticæ, sive electorum poeticorum the-
saurus. v.
Atlas der jeugd, met 24 afgezette kaerten. v.

109 P. A. Parenti, De dosibus medicamentorum. Lugd.
Bat. 1761. v.
Nosocomii civici Pazmanniani annus medicus. Ibid.
1764. v.

110 Justinus, cum selectissimis variorum observationibus,
et recensione A. Thysii. Ibid 1650. *Nitid. exempl.*

111 L. Annæi Flori Epitome rerum Romanarum. Cum
Salmasii, Freinshemii, Grævii, et selectis alio-
rum animadversionibus. Ibid. 1722. *Nitid. exempl.*

112 Valerii Maximi, van gedenkweerdighe daden ende
geschiedenissen.
Syntaxis linguæ latinæ.
Candidatus Rhetoricæ.
Thesaurus phrasium poëticarum.

113 Historiesch schouwtooneel van 's waerelds lotgeval-
len, in het jaer 1792. Haarlem. 4 deelen, *met
plaeten en kaerten. Raer.*

114 L'art de traduire le latin en francais.
Q. Curtii, de Gestis Alexandri Magni.
Præcepta Rhetoricæ. Brux. 1783. v.
G. Pasoris, Manuale novi Testamenti. Amst. 1697.

115 Fransche grammaire van 't klooster van S. Jooris. v.

Fransche spraekkonst, door Des Roches. v.
Catechismus ad usum studiosorum.
116 Deux paquets d'hazard.
117 Un volume de brochures, concernant la révolution
    Belgique de 1789.
    Lettres à M. le comte de B***, sur la revolution
    arrivée en 1789. 11 cahiers.
118 Van Ey, Synopsis Scripturæ Sacræ. t. 2 et 3.
    Promptuarium morale super Evangelia. *Pars hyem.*
    De seven getyden van O. L. V.
119 L'art de lever les plans. Paris, 1792. *fig.*
    Tractaet van den inbrinck in de sterfhuysen.
    Pensées du comte d'Oxenstiern, t. 1er.
    Traités géographiques et historiques pour faciliter
    l'intelligence de l'Écriture sainte. 2 vol.
120 Deux paquets d'hazard.
121 Le captif de Valence, ou les derniers momens de
    Pie VI. Paris 1802. 2 vol.
    Le sens propre et littéral des Psaumes de David. v.
122 M. Tullii Ciceronis Orationes selectæ. Brux 1779.
    3 vol. v.
123 Proeven van Poëtische mengelstoffen. 1775-1782.
    deel 3, 4, 5, 6 en 8.
124 De fakkel van het oud en alleen waer geloof.
    Historie, regels en bemerkingen wegens de neder-
    duytsche rymkonst.
    Chefs-d'œuvre de MM. Corneille. t. 2 et 4.
125 Ludovici Granatensis, Conciones de tempore, et de
    præcipuis sanctorum festis. Antv. 1581-1588.
    5 vol. v.
126 Historie, regels en bemerkingen wegens de neder-
    duytsche rymkonst.
    Engelsche tyranny. *Met plaeten.*
    Dictionnaire abrégé de la Bible.
    Epîtres et Évangiles.
    Prières sur les Epîtres et Évangiles. v.
127 Lettres de Cicéron, à l'usage des colléges de la Com-
    pagnie de Jésus. Douay 1756. v.

Q. Curtii, De Rebus gestis Alexndri Magni. Brux. 1778. v.

Phædri Fabularum collectio.

Ovidii Fastorum, Tristium etc.

128 Deux paquets d'hazard.

129 Description du Cap de Bonne-Espérance. t. 2 et 3. v. *figures.*

Methode pour étudier la langue latine par Gueroult.

Historia poëtica.

Medulla oratoria.

130 Almanach de l'université impériale. Années 1812 et 1813.

Burgundi, ad consuetudines Flandriæ.

Annæi Senecæ Tragœdiæ.

131 Drexelii, Noë; Aloë; Salomon; Nicetas; Infernus; Recta intentio; Deliciæ gentis humanæ, partes duæ; De æternitate; Trismegistus christianus; Rosæ selectissimarum virtutum, partes duæ; Palæstra christiana; Heliotropium; Gymnasium patientiæ; Orbis Phaëton. 16 vol. *fig.*

132 Tursellini, Historiarum epitome.

Amesii, De conscientiâ et ejus jure.

Selectæ è novo Testamento historiæ.

Erasmi, Enchiridion militis christiani.

133 Fons eloquentiæ, sive Ciceronis Orationes. 4 vol. v.

134 Sylva Synonymorum.

Velleius Paterculus, cum selectis variorum notis Lugd. Bat. 1668.

135 De interioris hominis reformatione oratio, auct. Corn. Jansenio.

Livre d'église à l'usage de Rome. Partie d'hiver.

Thesaurus sacerdotum.

Fasti mariani.

136 Metamorphosis angelica mariana.

Historie van O. L. V. van Halle.

Office de la semaine sainte.

Officium hebdomadæ sanctæ.

Selectæ è veteri Testamento historiæ.

137 Deux paquets d'hazard.

138 Mémoire à présenter à MM. les commissaires pré-
posés par le roi, pour procéder à la réformation
des ordres religieux. 1767 ; et six autres pièces
concernant ce Mémoire. 2 vol. v. m. *Très-rare.*

139 Clef du cabinet, 1726 t. 1 ; 1727 t. 2.
Journal historique et littéraire, 1784, manque 15
avril et 15 mai; 1787; 1788, janvier et 1er févr.
1790; 1791, 12 cahiers; 1792; 1793, manque
15 mai et 1er décembre.

140. Theologia C. G. Daelman. Antv. 1734-1739. 9 t.
8 vol. v.

141 Principes aisés pour apprendre la langue latine,
par l'abbé De Lannoy. Louvain 1769. v
Poematum libri tres, auth. barone de Reylof. Gand.
1728. v.

142 Pour et contre les spectacles. 1823.
Les apologistes de la religion chrétienne, par Me-
rault. 1823. 2 vol.
Discours philosophique sur la physique.

143 La clef du cabinet des princes de l'Europe. 1748-
1763. 29 vol., *dont* 20 *en demi-rel.* Incomplet.

144 Introduction au saint ministère, et Annonces do-
minicales, suite de l'Introduction, par De Mangin.
Paris 1757. 6 vol. v.

145 Heineccii, Recitationes in elementa juris civilis. Lov.
1778. 8° maj.
Brieven van Keuremenne.
Beaucourt, Commentarius in præcipuos Digestorum
seu Pandectarum J. C. titulos. Brugis (1779).
8° maj. v.

146 Theologia R. D. P. Dens. Antv. 1786. 7 vol.

147 Tabula logarithmorum.
Dictionarium tetraglotton.
Des Roches, Epitomes historiæ Belgicæ. Brux. 1782.
2 vol.

148 Histoire des révolutions de la république Romaine.
Par De Vertot. Paris 1720. 3 vol. v

Prônes de Claude Joly. t. 2.

Sermons des fêtes, par Loriot. t. 1.

149 Neo-confessarius practicè instructus, auth. **P. J. Reuter.** Lov. 1772. 8º maj. v.

Quæstiones concursûs Mechliniensis.

Compendium chronologicum episcoporum Brugensium. Brugis 1731.

150 Wouters, Dilucidatio in Apocalypsim.

Quæstiones concursûs Mechliniensis.

Manuale theologicum.

Du Jardin, de Officio sacerdotis.

151 Theologiæ practicæ Aphorismi, auth. **M. Steyaert.** 2 vol. v.

Exposition du droit des curés.

152 Boerhaave, de Lue venereâ. v.

Delectus latinitatis. v.

Synopsis juris canonici. v.

Thesaurus conscribendarum epistolarum.

Ciceronis Epistolæ.

153 Deckers, Rym-oeffeningen.

Toonneel der wereltsche rampsaligheden, door Reynolds. *Met plaeten.*

La cuisinière bourgeoise. t. 2.

154 Nouvelles des missions orientales.

Decreta et statuta synodi diœc. Gandavensis. v.

Vita et doctrina J. C. per Avancinum. v.

155 Du Jardin, de Officio Sacerdotis.

Meditationes de præcipuis J. C. in Eucharistiâ qualitatibus.

S. Francisci Salesii summarium Exhortationum familiarium. v.

156 Discursus mysticus et moralis.

Via media confessariorum.

S. Augustinus per seipsum docens catholicos.

Nierembergii, Vita divina, seu via regia ad perfectionem.

157 Nouvelles lettres édifiantes des missions de la Chine et des Indes orientales. Paris 1818-1823. 8 vol.

158. Biblia sacra vulgatæ editionis. Rhotomagi 1769. v.

159 Eloquence chrétienne, par Gisbert. Louv. 1763.
  Histoire de la Belgique, par J. J. De-Smet. sec.
    éd. Gand 1822. 2 vol.

160 Voit, Theologia moralis. Lov. 1761. 2 vol. v.

161 Dictionnaire portatif des conciles (par Alletz). Paris
    1758. v. m.
  Abrégé de l'hist. ancienne, par Duchesne. Ibid.
    1743. v. m.

162 Parallèle des mœurs de ce siècle, par Croiset. Lyon
    1743. 2 vol. v. m.

163 Les illusions du cœur, par le même. Ibid. 1736.
    2 vol. v. m.

164 Apologie de religion chrétienne, par Bergier. Avi-
    gnon 1823. 2 vol. *prop. reliés.*

165 Vie de S. François-Xavier, par Bouhours; nouv.
    ed. augm. par F. X. de F. (F. Xav. De Feller.)
    Liège 1788. 2 vol. v.

166 Antiphonale Romanum. Leodii 1823. v.

167 Bibliotheca rhetorum, auct. Le Jay. v.
  M. Fabri, conciones funebres. Brugis 1723. v.
  Ars rhetorica, auct. Du Cygne. Mechl. 1819.

168 Dictionnaire géographique - portatif, trad. de l'an-
    glois d'Échard, par Vosgien; nouv. éd. revue,
    corr. et augm. par l'abbé Mann. Brux. 1792.
    2 volumes gr.-8°. v.

169 Histoire des empereurs romains, depuis Auguste
    jusqu'à Constantin, par Crevier. Amst. 1750-
    1756. 12 t. 11 vol. *Propr. reliés en veau mar-
    bré. Avec cartes géographiques.*

170 Ciceronis Orationes selectæ, in usum scholarum Bel-
    gicæ. Brux. 1779. 3 vol. *Demi-reliure.*

171 Sermons et Panégyriques, par Flechier. Lyon 1752.
    5 vol. v. f.

172 Spectateur Belge, par L. De Foere. Bruges 1815
    et 1816. 6 volumes.

173 Tablettes du clergé et des amis de la religion. Pa-
    ris 1822 et 1823. 4 volumes.

174 Decreta et statuta synodi diœc. Gand. v.
Concilii Tridentini canones et decreta. v.
Ritus sacri à sacerdotibus servandi. v.

175 Philosophie sociale. Louv. 1822.
Poésies sacrées et profanes. Ibid.
De l'église gallicane dans ses rapports avec le souverain Pontife, par le comte de Maistre. Ibid. 1821.

176 L'arithmétique méthodique et démontrée, par Ouvrier Delile. Paris 1779. gr-8o. v.
Préceptes de Rhétorique, par l'abbé Gerard. Brux. 1821.

177 Preuves de la religion de J. C. contre les spinosistes et les déistes, par M. François ; et
Défense de la religion contre les difficultés des incrédules, par le même. Paris 1754 et 1755. 8 volumes. v. m.

178 Regula cleri, aut. Salamo et Gelabert. Lov. 1775.
Opuscules théologico - philosophiques, par Feller. Malines 1824.

179 Les sept sacremens de l'Eglise, par Carranza. Paris 1692. v.
Les fondemens de la vie spirituelle, par Brignon. v.
Manuel du pénitent. Paris 1814. v.

180 Henno, theologia dogmatica et scholastica. Duaei 1706-1713. 8 vol. v.

181 Leerredenen, door Bossuet. Antw. 1783.
Pelgrimagie van het kindeken Jesus. Ibid. 1737. v.

182 Réflexions morales avec des notes sur le nouv. Testam. traduit en francois. (Par le P. Lallemand, Jésuite.) Paris 1714-1716. 7 vol. v. *Incomplet.*

183. Code des délits et des peines.
Traité élémentaire d'arithmétique, par Lacroix. Paris 1804.
Principes généraux de la langue grecque, par Le Roi. Brux. 1779.

184 Dictionnaire raisonné des lois de la république française, par Guyot. Paris an IV. Tomes 1, 2, 5, 8, 10, 12, 15.

185 Corn. Nepotis, Vitæ excellentium imperatorum,
Observationibus ac notis illustratæ. Amst. Blaeu
1687. *Velin.*
Grondregels der grieksche taele. Brussel 1783. v.
Latinæ grammatices syntaxis. v.

186 Dictionnaire francais-latin. v.
Dictionnaire géographique, par Vosgien. v.
Dictionarium tetraglotton.

187 J. De Bussieres, Soc. J., Historia Francica. Lugd.
1661. 4 volumes. v.

188 Un paquet de livres classiques.

189 Tractatus de officii divini persolutione.
Meditationes de præcipuis J. C. in Eucharistiâ qualitatibus.
Pantheum myticum, seu fabulosa deorum historia,
auct. Pomey, *æneis fig. ornata.* Ultraj. 1701.
Centum quinquaginta Psalmi Davidici, paraphrasi
explicati.

190 Synopsis theologiæ moralis, auth. Van Bossuyt. 8° maj.
Dictionary english and french.
L'Église militante, ou la cité de Dieu en terre, par
le P. Mars. v.

191 Nouvelle grammaire allemande, par Gottsched.
Strasbourg 1782.
Recueil des Représentations Belgiques. 5 vol.

192 Histoire générale, civile, naturelle etc. de tous les
peuples du monde; par Lambert. Paris 1750. 12
vol. *Manque t. 1.*

193 Histoire ecclésiastique, par Fleury. Brux. 1713—
1726. 23 vol. v.

194 Kort - begryp der kerkelyke historie van Fleury.
(Door Versluys, M. L.) Brugge 1787—1789.
16 deelen, *zeer schoon in kalfvel gebonden.*

195 Lettres de S. Jérôme, traduites en françois, avec
des notes etc., par dom G. Roussel. Paris 1704.
2 vol. gr. 8°.

196 Histoire des variations des églises protestantes, par
Bossuet. Paris 1702. 2 vol. v.

Les douces pensées de la mort, par De la Serre.
Avec figures.

Le tombeau des délices du monde, par le même.

197 Deux paquets de livres classiques.

198 L'heureuse conversion des Huguenots à la foy catholique.

Le directeur des confesseurs.

Les délices de la France. *Avec fig.*

Histoire des anciens empires, par Plumyoen. v.

La Henriade. v.

199 Kort-begryp der geographie.

Élémens de la grammaire latine, par Lhomond.

Ciceronis Epistolæ selectæ.

Candidatus rhetoricæ.

Aphthonii sophistæ progymnasmata.

200 Reuter, Neo-confessarius. Lov. 1772. v.

Regula cleri. Ibid. 1775. v.

Zypæi, Fundamenta medicinæ.

201 Bellarmini, De septem verbis.

Bruni, Meditationes.

Ludovici Vivis, Excitationes animi in Deum.

Precationum piarum enchiridion.

Fasti Mariani.

202 Catechismus ad ordinandos.

Conc. Trid. Canones et decreta.

Commentarius in Epistolam Judæ apostoli. *Manuscr.*

Analogia veteris ac novi Testamenti.

Cœleste palmetum.

203 Délices des Pays-Bas. t. 2 et 5. *Avec fig.*

Comptes-faits, par Néron.

Mémoires du comte de Bonneval. v.

204 Beschryvinge van den Brugschen koophandel, door
Beaucourt. Brugge 1775. v.

205 Verepæi, Latinæ grammatices etymologia. v.

Syntaxis linguæ latinæ. v.

Q. Curtius, De rebus Alexandri magni. v.

Candidatus rhetoricæ.

206 Expédition de l'Escaut. Paris 1810. gr. 8º.

Manuel des propriétaires et des marchands de boissons.
Vie et aventures de Robinson Crusoé. t. 2, 3, 4.
Abrégé de la gramm. française, par De Wailly.
207 Nederlandschen negociant.
Vaderlands nieuwsblad.
Ars metrica et poetica. Duaci 1758.
Idem. Lugd. 1680.
208 Pensées sur différens sujets de morale et de piété,
par Massillon. Paris 1749. v. m.
Synonymes françois, par Girard. Amst. 1766. v.
209 Deux paquets d'hazard.
210 Leon. a S. Martino, Summa scripturistica tripartita.
Gandavi 1774—1776. 4 vol. v.
211 Les caractères de Théophraste, avec les caractères ou
mœurs de ce siècle, par De La Bruyère. 2 t. 1 vol. v.
Bibliotheca rhetorum, auct. Le Jay. v.
212 Éclairissemens sur la vie de Mess. d'Aranthon d'Alex,
évêque de Genève.
Tractatus de Religione. *Manuscr.*
Dict. hist. des siéges et batailles. Paris 1771. t. 3. v. m.
Commentaire littéral sur la S. Bible, par de Carrières.
Ibid. t. 4. v m.
213 Histoire des chevaliers hospitaliers de S. Jean de Jé-
rusalem, par De Vertot. Paris 1761. 7 vol. v.
214 L'impie malheureux, par le P. Texier.
Declaratio quod sumptio Eucharistiæ sub unicâ spe-
cie, Christi præcepto aut institutioni non adver-
setur.
Examen et résolutions des principales difficultés qui
regardent l'office divin. Par Collet. Louv. 1756. v.
215 J. A Costæ conciones in Quadragesimam.
Daniel, traduit en françois.
Palmier céleste.
Missionnaire paroissial. t. 2.
L'adieu du monde, ou le mépris de ses vaines gran-
deurs.
216 Reylof, Poëmatum libri tres.
A. Senecæ Tragœdiæ.

Bona, de Sacrificio Missæ.
Le Nouveau Testament.
Enchiridion piarum meditationum.
217 Van Ey, Synopsis Scripturæ sacræ. t. 1 et 2. v.
Calendrier du département de l'Escaut.
Précis de l'état actuel des colonies angloises.
Pomey, Dictionarium Belgico-Latinum.
218 Un paquet de livres classiques.
219 Cyfferkonst, door F. De Cock. Brugge.
Gradus ad Parnassum.
Fons eloquentiæ, sive Ciceronis Orationes.
Prosodia latina, ars metrica et poëtica. Brux.
1783. v.
220 Steyaert, Theologiæ practicæ aphorismi. 2 vol. v.
Formulæ quædam literarum circa pastoralis curæ
negotia. v.
Ara cœli, seu conciones.
221 Mémoires de Montecuculli. v.
Joseph somnians, complectens falsas variorum ima-
ginationes.
Idea principis christiano-politici 100 symbolis ex-
pressa.
C. Besoldi, Synopsis politicæ doctrinæ.
222 Nostrorum temporum calamitas et deploratio. Auth.
Gabr. Prateolo Marcosio. Parisiis 1559. *Rarus.*
Novum J. C. Testamentum.
Drexelii, Recta intentio ; Aurifodina artium et scien-
tiarum ; Heliotropium. 3 vol.
223 Un paquet d'hazard.
224 Campus eloquentiæ, auct. M. de la Cerda.
In XV mysteria S. Rosarii exercitationes.
Obligatio audiendi verbum Dei in parochiis.
Journal historique et littéraire. 1793. t. 3.
225 Oorsprong en vermaerdheyd der kapelle van O. L.
V. van Blindekens. Brugge 1815.
Masker van de weêreld *Met plaeten.*
Mauvaise foi de M. Fleury, par le P. Housta. v.
226 Un paquet d'hazard.

(23)

227. Actes de la préfecture du département de la Lys.
     Années 1806, 1807 et 1808. 3 vol. *demi-reliure.*
228 P. Virgilii Maronis Opera, ad edit. P. Maasvicii
     castigata. v.
     Nederlandschen negociant, in guldens courant, en
     francs en centimen. v.
     Tarif des frais en matière criminelle, de police cor-
     rectionnelle et de simple police. Paris 1811.
229 Discours sur l'histoire universelle, par Bossuet. Paris
     1741. 2 vol. v. m.
230 Julii Cæsaris Commentarii de bello Gallico. Brux.
     1778. v.
     Cyfferkonst, door F. De Cock. Brugge. v.
     Opuscula theologica, per Fervacques. t. 2 et 3. 1 vol.
     Atlas der jeugd.
231 Grondregels der grieksche tael. v.
     Verepæi, Latinæ grammatices etymologia.
     Verepæi, Latinæ grammatices prosodia.
     Bibliotheca rhetorum. v.
232 Sermoenen van Backx. 3 deelen.
     Brandende lampen. 2de deel.
     Peintures sacrées sur la Bible. t. 2.
     Histoire de la guerre des Pays-Bas, par Strada. t. 3.
233 Almanach royal des Pays-Bas, pour 1818.
     Guide pour les contribuables.
     Verzameling van wetten enz. op de uitoefening van
     de verschillende takken der geneeskunde.
234 Un paquet d'hazard.
235 Code des délits et des peines.
     Code pénal.
     Code des Régistrateurs.
     Manuel des juges de paix, des maires etc.
     Code de procédure civile. v.
236 Iliados liber primus, in usum scholarum Belgicæ.
     Brux. 1780. v.
     Grondregels der grieksche tael. Brussel 1783. v.
     Lettres de Sacy. t. 1.
     Dictionarium tetraglotton.

237 Comptes-faits pour les changes, par Néron. Brux.
    1786. v.
    Epistolæ Ciceronis selectæ. Lov. 1773. v.
    C. Sallustii Opera. Brux. 1778. v.
    Aldi Manutii Phrases. v.
    Faciliora geometriæ planæ elementa. v.
238. Dictionarium tetraglotton. v.
    Pomey, Dictionarium Belgico-latinum. v.
239 Janssens, Explanatio rubricarum Missalis romani.
    Antv. 1757. v.
    Octavarium romanum. Antv. 1628. v.
240 Un paquet d'ouvrages incomplets.
241 Dictionnaire historique-portatif, par Ladvocat. Paris
    1760. 2 vol. v. m.
242 Tractatus theologicus de casibus reservatis, auth.
    P. J. Pauwels. Lov. 1750. 2 vol. v.
    Epitome itinerarii Filii Dei, ordine harmonico ex
    IV evangelistis contexta, studio A. Pauly.
243 Behandelingen op het geloofs-begryp, op d'heylige
    Sacramenten enz. door Chevassu. Ipre (1768).
    2 deelen, *schoon gebonden.*
    Heyligh hof van den keyser Theodosius, door Poir-
    ters. Antw. 1709. *Met plaeten.*
244 Epitome itinerarii Filii Dei, studio A. Pauly. v.
    Reuter, Neo-confessarius practicè instructus. v.
    Benedicti XIV, Commentarius de S. Missæ sacri-
    ficio. t. 1. v.
    Becani, Analogia veteris ac novi Testamenti.
245 Breviarium romanum. Antv. 1690. 4 vol. 8o maj.
    Nitidiss. exemplar, optimè conservatum.
246 Horæ diurnæ Breviarii romani. Ibid. 1728. 8o maj.
247 Dictionnaire françois-flamand, par Des Roches. An-
    vers 1786. v.
248 Considérations chrétiennes pour tous les jours de
    l'année, par Crasset. t. 2, 3, 4. v.
249 Het nieuwe Testament ons Salighmaeckers Jesu
    Christi. Antw. 1683. *Zwart maroquin, verguld
    op snée.*

250 Thenhaven, Nucleus theologiæ canonico-moralis.
Col. 1745. v.
Manuale cantûs secundùm usum FF. Minorum.
De Imitatione Christi.
Bona, De sacrificio Missæ.
Concilii Tridentini canones et decreta. Rothomagi
1772. v.
251 Biblia sacra vulgatæ editionis, notis chronologicis,
historicis et geographicis illustrata. Antv. 1716. v.
252 Grondregelen der fransche taele.
Cyfferkonste door G. Le Page. Loven 1769. v.
Grammaire françoise, par l'abbé Vallart. Paris
1744. v.
Toni Psalmorum. *Manuscr.*
253 Breviarium romanum, officiis trium ordinum S.
Francisci locupletatum. 1786.
254 Académie universelle des jeux. Amst. 1786. 3 vol.
Avec figures.
255 Conferentiæ clericales. v.
Cœleste palmetum.
Parvus catechismus catholicorum.
256 Un paquet de livres classiques.
257 Biblia sacra vulgatæ editionis. Lugduni 1732. 8ª
maj. *doré sur tranche.*
258 Vie de saint Louis de Gonzague, par le P. Cepari.
Lyon 1816. *propr. relié.*
259 L'ami des enfans. Gand 1824. 2 vol. *fig.*
Les serviteurs vertueux.
Lettres d'Atticus.
260 Vie politique, Littéraire et morale de Voltaire, par
Le Pan. Liége 1826.
Mélanie et Lucette, ou les avantages de l'éducation
religieuse. Ibid. 1827. 2 vol.
261 Eudolie ou la jeune malade. Ibid. 1826. 2 vol.
Choix de lectures chrétiennes. Ibid. 1827.
Bug-Jargal où l'esclave généreux. Ibid. 1827.
262 Relation d'un voyage à l'abbaye de N. D. de La
Trappe. Ibid. 1827.

La pieuse indienne. Ibid. 1827.

Instruction sur les mauvais chansons. Ibid. 1827.

Paroles tirées de l'Écriture sainte. Ibid. 1826.

263 Magasin des enfans, par M. le Prince de Beaumont. Paris 1811. 2 vol. *demi-rel. avec cartes et fig.*

264 Le nouveau Robinson, pour servir à l'amusement et à l'instruction de la jeunesse. Gand 1821. 2 vol. *Avec figures.*

Anecdotes morales et instructives. *Avec figures.*

265 Vies des grands capitaines de Cornelius Nepos, traduites en français, par l'abbé Paul. Paris 1820.

Les enfans, ou les caractères. Gand 1823. *Avec fig.*

266 Un paquet d'hazard.

267 Napoléon et la grande armée en Russie, où examen critique de l'ouvrage de M. le comte de Ségur, par Gourgaud. Brux. 1825. 2 vol.

Almanach de Gotha, pour 1819. *Avec figures.*

268 Précis de l'histoire de Napoléon, du consulat et de l'empire. Brux. 1825. gr. 8o.

Arithmétique de Bezout. Paris 1819. gr. 8o.

269 Le morale en action. Lille 1822. v. *figures*

Beautés de l'hist. romaine. Paris 1815. v. *figures.*

270 Pomey, Dictionarium belgico-latinum.

Verepæi, Latinæ grammatices etymologia.

Julii Cæsaris, Commentarii de bello gallico.

271 Grondregels der latynsche tael, of kleyne en groote figuer van het collegie van Thielt. Kortryk 1822. *Demi-reliure.*

Phædri Fabulæ.

Epitome historiæ sacræ, auct. Lhomond.

272 Exercices spirituels selon l'esprit de S. François de Sales.

Recueil de prières et pratiques de dévotion.

L'ange conducteur.

Heures nouvelles à J. C. v. *doré sur tranche et pl.*

273 Den heyligen Aloysius Gonzaga, gesteld tot voorbeeld van een heylig leven.

Bekeering tot het roomsch-catholyk geloof, van eenen protestantschen minister. Uit het fransch vertaeld door J. G. Van Den Baviere.

Christelyke onderrigtingen voor de jonge lieden. v.

Pia desideria, auct. Herm. Hugo. *fig.*

274 Dichtlievende uitspanningen van Wellekens en Vlaming. Amst. 1710. *Met fyne kopere plaeten.*

275 Histoire des animaux. Paris 1822. v. *Avec 200 fig.*

276. Vie de S. François de Sales, par de Marsollier. Paris 1731. 2 vol. v.

277 Introduction à la vie dévote. Paris 1730. v. b.

Formulaire de prières. Lille 1728. v. *Doré sur tranche.*

278 Oeffeningen der volmaektheyd, door Rodriguez. 1ste en 3de deel.

Den godlycken lof-sangh, door Verhasselt.

279 Le Directeur pacifique des consciences, t. 2. *m. vert, doré sur tranche et plat.*

Pensées de Pascal.

Conduite canonique de l'Église pour la reception des filles.

Méditations de S. Bonaventure.

280 Dagelyksche meditatien voor het jaer, door P. De Smidt.

Het croonement van 't Hoogweêrdich H. Sacrament.

Onderwys der godvrugtige ziele.

Sondags-Schole, inhoudende de corte wtlegginghe op de Evangelien van de sondaghen.

281 Sujets de méditations sur le Cantique des cantiques. v.

Réflexions du voyageur éloigné de sa chère patrie. Lille 1763. v.

Formulaire de prières.

Onderwys der jeugd. v.

Vermeerderde ende verbeterde apotheker en alchymiste licht en distilleerkonst.

282 Korte verklaëring van den H. wille Godts. Brugge 1812. *propr. relié.*

Besloten hof; het innig gebed.

4

Gheestelycke leeringhe van den H. abt Dorotheus.

283 Paradys der wellustigheyd, door Van Teylingen.

Weg des eeuwig levens, door Sucquet. *Vol plaet.*

284 Traités des récompenses et des peines éternelles, par le Pelletier. Paris 1739 v. m.

Image d'une religieuse parfaite et d'une imparfaite.

Traité de la pénitence chrétienne, par Quarré.

285 Dévotion au sacré Cœur de N. S. J. par Croiset. Lyon 1732. 3 vol. v.

286 Introduction à la vie dévote. v.

L'art de se tranquilliser dans tous les événemens de la vie, par de Sarasa.

Le dégoût du monde.

287 La grandeur d'ame par Caraccioli.

Des quatre fins de l'homme, par Denys le Chartreux.

Imitation de J. C.

Prières chrétiennes. t. 1er.

288 Oeffeninge der volmaektheyd. 3de deel.

Gekheyd der weereld, door P. Abraham à S. Clara. *Met plaeten*, 2de deel.

Nuttelyk mengelmoes, door den zelven. *Met plaet.*

289 La cour sainte, par le P. Caussin. Paris 1626-1645. *5 gros volumes.* v.

Traité de l'amour de Dieu, par S. Fr. de Sales. t. 2. v.

Pensées édifiantes, par de Bellegarde. v.

OEuvres mêlées de Claude Joli. v.

Meditatie op het H. Sacrament, door Perduyn.

290 Den boom des levens, door Pauli.

Inwendig leven der godminnende sielen, door P. Carlier. v.

Pelgrimagie van J. C. Deel 2 en 3.

Claren spiegel der christelyke maegden.

291 Heylige wegen van het cruys, door Boudon.

Christelyke brieven, door Huygens.

De eensaemheyd van Philagia.

Historie der abdy en mirakelen van O. L. V. van Montserrat.

292 Le voyageur français, ou la connoissance de l'ancien
et du nouveau monde, par l'abbé De la Porte.
Paris 1765-1782. 28 volumes. v. m.

293 Le palmier céleste. Anvers 1785. *Proprem. relié,
doré sur tranche et plat.*

294 L'office de la semaine sainte. Latin-Français. v.
Entretiens d'une ame pénitente avec son Créateur. v.

295 Pensées et affections dévotes sur les principales fêtes
de l'année. v.
L'imitation de J. C. avec une pratique et une prière
à la fin de chaque chapitre, par le P. De Gon-
nelieu. v.

296 Palmier céleste. *Doré sur tranche.*
Formulaire de prières chrétiennes.
Vive flamme d'amour, par le B. J. De la Croix.

297 Heures royales. *m. n. doré sur tranche.*
Petit paroissien romain.
Visites au S. Sacrement.

298 OEuvres mêlées de mad. le Prince de Béaumont.
1775. t. 1, 2, 4, 5, 6.
Adèle et Théodore, ou lettres sur l'éducation. Paris
1782. 3 vol.

299 Un paquet d'hazard.

300 Exercices de piété pour tous les jours de l'année,
par Croiset. Lyon 1745. 12 vol. v. *Excell. ouvr.*

301 Exercices de piété pour tous dimanches et fêtes mo-
biles de l'année, par le même. Ibid. 1745. 6 vol.

302 Nobiliaire des Pays-Bas et du comté de Bourgogne.
Louvain 1760. 2 vol.
Vrai supplément aux deux volumes du Nobiliaire des
Pays-Bas et du comté de Bourgogne. Ibid. 1774. v.

303 Suite du Supplément au Nobiliaire des Pays-Bas et
du comté de Bourgogne. Malines 1779. 5 vol.
Proprement reliés en veau.

304 Liste de noblesse, chevalerie et autres marques d'honneur, depuis 1659 jusqu'à 1762. Brux. 1771. v. m.
Listes des titres de noblesse, chevalerie et autres
marques d'honneur, accordées par les souverains

des Pays-Bas, depuis l'année 1659 jusqu'à la fin de 1782. Brux. 1784. v. m.

305 Nieuwen dictionnaire en vocabulaire of woorden-boek der vlaemsche, engelsche en fransche taelen, door Sewel, Holtrop en Berry. Gend 1793. 2 deelen, *nieuw in halven band gebonden.*

306. Zallinger, Institutionum juris naturalis et ecclesiastici publici libri V. Gandæ 1823. 8° maj. *Proprement relié.*

307 Collectio Brevium atque instructionum SS. D. N. Pii papæ VI, quæ ad præsentes Ecclesiæ catholicæ in Galliâ et aliis à Gallis occupatis regionibus calamitates pertinent. Romæ 1800. 3 vol. *Proprement reliés, ouvrage récherché.*

308 Daelman, Theologia, seu observationes theologicæ in Summam D. Thomæ. Lov. 1759. 9 t. 7 vol. v. m. *optima editio.*

309 Romsée, Praxis celebrandi Missam; — Praxis divini Officii; — Sensus rituum ac cæremoniarum Missæ; — Decreta sacræ Rituum Congregationis. Leodii 1817-1822. 5 tom. 4 vol. *Optima editio.*

310 Antoine, Theologia moralis universa. Avenione 1818. 6 vol. 8° maj. *Ultima et optima editio.*

311 Instructions sur les fonctions du ministère pastoral, adressées par Mr l'évêque de Toul au clergé de son diocèse. Angers 1820. 5 vol. *Très-proprement reliés en veau.*

312 Steyaert, Theologiæ practicæ aphorismi. Lov. 1729. 4 vol v. m. *optima editio.*
Uytlegging van den Mechelschen catechismus, of catholyke onderwyzingen op elke vraeg en antwoord, door Huleu. Mechelen 1823. 5 deelen. *Lesten en besten druk.*

313 Christelyke onderwyzing of verklaering en uytbreyding van den Catechismus, door F. Claus. Antwerpen. *Nieuw gebonden.*

314 Prônes pour tous les dimanches de l'année, par Chevassu. Saint-Brieuc 1804. 4 volumes.

(31)

315 Onderwyzingen in de christelyke leering, door Henry.
    Mechelen 1824. 5 deelen. *Besten druk.*

316 Meditatien op het lyden en sterven van Jesus, door
    Tourbe. Antw. 1816. 5 deelen, groot-8º, *zeer
    schoon gebonden.*

317 Rubricæ Missalis romani, cum earum expositione, à
    Josepho Antonio Cæsaremontano. Avenione 1820.

    Praxis quotidiana tribunalis sacramentalis concernens
    materiam temperantiæ, cum discursu de *mundo
    muliebri*, thesibus exhibita. Præsidebit F. Sera-
    phinus Ostendanus. Gandavi 1779. *Thesis rariss.*

    Formulæ quædam literarum, circa pastoralis curæ
    negotia, auth. J. B. Kips.

318 Het lyden O. H. J. C., verdeeld in 49 meditatien,
    door Hulen. Mechelen. 1824.

    Antiphonale Romanum. Leodii 1814. v.

319 Conduite des confesseurs dans le tribunal de la pé-
    nitence. Paris 1778. v.

    Instructio confessariorum, auct. Loarte; Institutio
    confessariorum, auctore Fornario. Mechl. 1822.
    demi-reliure.

320 The Office of Holy week. London 1808. v.

    Conduite des ames dans la voye du salut. Paris
    1753. v. m.

321 Bellecii, Virtutis solidæ præcipua impedimenta, sub-
    sidia et incitamenta. Gandavi 1817. *Demi-rel.*

    Breviculus modernarum controversiarum, de Eccle-
    siæ catholicæ hierarchiâ. Ibid. 1825.

322 Officia propria SS. eccl. cath. S. Donatiani ac diœc.
    Brugensis.

    Decreta et statuta synodi diœcesanæ Brugensis.

    Ritus sacri à sacerdotibus servandi, defectusque vi-
    tandi in Missa privatâ et solemni. Mechl. 1823.

323 Bellecii, Christianus piè moriens, seu adjumenta pro-
    curandæ bonæ mortis. Gandæ 1821. *Proprement
    relié en veau.*

324 Catechismus de tonsura, et obligationibus statûs
    ecclesiastici. Mechl. 1822. *Demi-reliure.*

Manuale pastorum. Gandavi 1809. *Mar. nóir , dore sur tranche.*

325 Memoriale vitæ sacerdotalis. Mechl. 1817. *Propr. rel.*
Du Jardin, de officio sacerdotis. Ibid. 1816. *Proprement relié.*
Libellus libellorum. Ibid. 1817. *Propr. relié.*

326 Traité des dispenses en général et en particulier, par Collet. Louvain 1760. 3 vol. gr-8o.

327 Institutiones theologicæ, quas ad usum seminariorum contraxit P. Collet. Gandæ 1824-1826. 7 vol. 8o maj.

328. Mémoires pour servir à l'hist. Eccl. pendant le 18me siècle. Bruges 1825. 5 vol. *Ouvrage recherché.*

329. Quinte-Curce, de la vie et des actions d'Alexandre le grand. Latin-françois. Paris. 2 vol. v.
Ovidii Metamorphoseon.
Ciceronis, de Oratore, libri III.

330 Deux paquets de livres classiques.

331 Verepæi, Latinæ grammatices etymologia.
Ars metrica, seu ars condendorum eleganter versuum.
Institutiones grammaticæ, in usum scholarum Belgicæ.
Epistolæ Ciceronis selectæ. Lov. 1773. v.

332 Principes généraux et particuliers de la langue française, par De Wailly. Paris 1777. v. m.
Grammaire angloise-françoise, par Miége et Boyer. Lyon 1796. *Demi-reliure.*
Leven van den spitsinnigen en oubolligen Esopus, met alle syne fabelen. Brugge. *Met plaeten.*

333 Grondregels der latynsche taele, tot gebruyk der nederlandsche scholen. Brussel 1779.
Hist. rom. res memorabiles. Bruxelles 1778. v.
Adagia quædam ac carmina magis obvia.

334 Histoire abrégée de la religion, par Lhomond. Liege 1814.
Les aventures de Télémaque. Paris 1810.
La morale des poètes, ou pensées extraites des plus célèbres poètes latins et français. Ibid. 1809.

335 Misse, haere korte uytlegginge en godvrugtige oef-
feningen onder de zelve.
Aenleyding tot het godvrugtig leven.
Nucleus catecheticus.
Epîtres et évangiles des dimanches et fêtes de l'année.
336 Theologia practica, auth. N. Pauwels. Lov. 1740.
5 vol. v. m.
Catechismus ad parochos.
337 Syntaxis J. Despauterii. Gandæ 1744. 8º maj.
Dictionarium tetraglotton.
Syntaxis ad usum gymn. SS. Trinitatis. Lov. 1796.
338 Prosodia ad usum stud. juv. in gymnasio SS. Tri-
nitatis. Lov. 1794.
Verepæi, Latinæ grammatices syntaxis.
Cornelius Nepos, de vitis excellentium imperatorum.
339 Latynsche grammatica, door Derleyn. Brugge 1769.
Virgilii Maronis opera omnia. v.
Phædri fabulæ Æsopiæ, notis illustratæ.
Indices verborum, nominum etc. Syntaxis Emm.
Alvari. Tileti 1791.
Élémens de la grammaire française, par Lhomond.
340 Dictionnaire des commençans, français et latin. Lyon
1809.
Traité d'arithmétique, par Bezout. Paris 1823.
Uittreksels uit den Courrier de la Meuse. 1826.
341 Un paquet d'hazard.
342 L'anti-Lucrèce, par le cardinal de Polignac. Brux.
1772. 2 vol.
Ovidii Nasonis Tristium.
Le Pariseum moderne, ou Hist. de Paris. 1823.
343 Horatii Carmina expurgata.
Connoissance des idées, dans un nouveau précis de
la langue française.
Latinæ grammatices liber quartus. Prosodia.
Ars metrica, ab uno è Soc. Jesu (P. De Celières).
344 Verepæi, Latinæ linguæ progymnasmata. 2 vol. *rara*.
Méditations pieuses sur les XIV stations de la Croix.
figures.

J. Crucii Suada Delphica.

Catechismus Lovaniensis.

Q. Curtii, De rebus Alexandri Magni.

Potmans, Latini Sermonis Elegantiæ.

345 Oraisons choisies, les catilinaires, et les livres de
    la vieillesse et de l'amitié de M. T. Cicéron, tra-
    duits en françois, le texte latin en regard. Lyon
    1806. 3 vol.

346 Histoire des phlegmasies ou inflammations chroni-
    ques, par Broussais. Brux. 1822. 3 vol.

347 Nosographie chirurgicale, ou nouveaux élémens de
    pathologie, par Richeraud. Paris 1815. 4 vol.

348 Traité de l'usage des différentes sortes de saignées,
    par Silva. Amst. 1729. 2 vol.

    Traité des maladies de la poitrine, par Dupré de
    Lisle. Paris 1769.

    Principes de chirurgie.

349 Traité théorique et pratique des ulcères, par Bell.
    Paris 1803.

    La médecine et la chirurgie des pauvres. Ibid. 1753.

    Précis des leçons de chimie, par Branthome. Stras-
    bourg 1818.

350 Conspectus materiæ medicæ.

    Remarques sur les nouvelles doctrines médicales, par
    Van Rotterdam. 1823.

    Mémoires sur des nouvelles applications du Stéthos-
    cope. Paris 1823. *Avec planche.*

    Plenck, Pharmacia chirurgica. Viennæ 1775.

    Nouvelle méthode pour l'amputation partielle du
    pied, par Lisfranc. Paris 1815. *Avec planches.*

351 Linnæi, philosophia botanica. Ed. quarta, studio
    Curtii Sprengel. Halæ ad Salam 1809. *figures.*

    Application de la doctrine physiologique à la chi-
    rurgie, par Bégin. Paris 1823.

    Verzameling der wetten enz. op de uitoeffening
    van de verschillende takken der geneeskunde,
    Brugge.

352 Manuel du dentiste par Maury, Paris 1822.

Système physique et moral de la femme , par Roussel.
Ibid. 1809.

Catéchisme de la médecine physiologique. Louvain
1824.

353 Dictionnaire de médecine-pratique et de chirurgie,
mis à la portée de tout le monde, par Pougens.
Gand 1817. 2 vol. gr-8º.

354 Plenck, Doctrina de morbis oculorum. Viennæ 1777.
Demi-reliure.

Storck, Annus medicus primus , quo sistuntur observationes circa morbos acutos et chronicos. Lugd.
Bat. 1761. v. m.

355 Traité complet d'anatomie, par Boyer. Paris 1815.
4 vol. *manque t.* 1er.

356 Élémens de médecine pratique de Cullen , traduits
par Bosquillon, nouv. éd. revue par De Lens.
Ibid. 1819. 3 vol.

357 Conspectus des pharmacopées de Dublin , d'Édim-
bourg, de Londres et de Paris, par Desportes
et Constancio. Ibid. 1820.

Petit manuel d'anatomie descriptive par Bayle. Ibid.
1823. *Proprement relié en veau*.

358 Formulaire pratique des hôpitaux civils de Paris,
par Ratier. Ibid. 1823.

Manuel des opérations chirurgicales , par Coster.
Ibid. 1828.

Vade-mecum du jeune médecin , par Bourgeoise.
Ibid. 1817.

359 De la médecine opératoire, par Sabatier. Nouv. ed.
faite sous les yeux de Dupuytren , par Sanson
et Bégin. Ibid. 1822-1824. 4 gros vol.

360 Anatomie générale appliquée à la physiologie et à
la médecine, par Bichat. Ibid. 1812. 4 vol.

361 Recherches physiologiques sur la vie et la mort,
par le même. Ibid. 1805.

Principes généraux de physiologie-pathologique ;
coordonnés d'après la doctrine de Broussais, par
Bégin. Ibid. 1828.

362 Manuel de l'anatomiste, par Maygrier. Ibid. 1811.
    v. m.

363 Annales de la médecine physiologique, par F. J. V.
    Broussais. Brux. et Paris, années 1822-1823. *En*
    24 cahiers,

    Bibliothèque médicale nationale et etrangère, journal
    auquel on a réuni les Annales de la médecine
    physiologique. Bruxelles. Années 1824, 1825 et
    1826. *En 36 cahiers.*

364 Élémens d'anatomie générale, par Béclard. Paris
    1823.

    Cours théorique et pratique d'accouchemens, par
    Capuron. Ibid. 1823.

365 Dictionnaire des termes de médecine, chirurgie, art
    vétérinaire, pharmacie, histoire naturelle etc.,
    par Bégin, Boisseau, Jourdan etc. Ibid. 1823.

366 Pyrétologie physiologique, ou traité des fièvres, par
    Boisseau. Ibid. 1823.

367 L'art des accouchemens, par Baudelocque. Ibid.
    1815. 2 vol. *Avec figures en taille-douce.*

368 Dictionaire abrégé des sciences médicales, par une
    partie de ses collaborateurs. Ibid. 1821-1826. 15
    gros volumes. *Ouvrage très-estimé.*

IN-QUARTO.

369 Dictionary english and dutch. — Woordenboek
    der engelsche en nederduytsche taalen; door Se-
    wel. Amst. 1754. *A dos de v. rouge.*

370 Gedigten van Samuël Sylvius. 's Gravenhage 1729.
    Kalfband, verguld op platte, groot papier.

371 Quadripartitum botanicum de simplicium medica-
    mentorum facultatibus.

    C. Langii Opera omnia.

    G. Baglivi Opera omnia medico-practica et anatomica.

372 Th. Willis, Opera medica et physica. 2 vol. *fig.*
    Th. Sydenham, Opera medica. 2 vol.

373 Le nouveau Vignole, ou Règles des cinq ordres d'architecture, par J. Barozzio. Paris 1755.

Des weereldts proefsteen, ofte de ydelheyd door de waerheyd beschuldigd en overtuygd van valscheyd. Door à Burgundia. Antw. 1643. *Met kopere plaeten.*

374 Het zelve werk.

Het voorhof der ziele, behangen met leerzaeme prenten en zinnebeelden. Amst. 1668. *Met pl.*

Adr. Van De Vennes Tafereel van de belacchende weêreld. 1635. *Met plaeten.*

375 Abraham de aarts-vader, Door A. Hoogvliet. Brugge.

Bloeyende opkomst der aloude hedendaagsche Groenlandsche visschery. Amst. 1720. *Met plaeten.*

Elementa geometriæ. *Manuscr.*

376 G. Fabricii, Observationum et curationum chirurgicarum centuriæ. *fig.*

De plantis exoticis, libri duo.

377 Greg. Horstii, Opera medica.

Fr. Vallesii, Controversiarum medicarum et philosophicarum libri decem.

378 Suetonii Tranquilli Opera, et in illa Commentarius Samuelis Pitisci. Leovardiæ 1714. *Exemplar pulcherrimum, optimè conservatum, cum figuris æri incisis.*

379 Gedichten van Joan De Haes. Hier by komt Sidneis Verdediging der Poëzy. Rott. 1720. *Wel geconserveerd exemplair op groot papier.*

380 H. Fabritii, Heelkonstige handwerkingen.

Voyage du prince don Fernando, infant d'Espagne.

Zweedsche oorloghen.

381 Construction d'un télescope de réflexion de 16 pouces de longueur, faisant l'effet d'une lunette de huit pieds. Paris 1738. v. *figures.*

Arithmetica, dat is, de Rekenkonste, door Smyters.

382 Un paquet Plaidoyers, Mémoires et Thèses.

Jurisprudence du tribunal de Cassation. Au XI, manque cahier 5, 9 et 12; année 1807.

383 Schilderboeck, door Carel van Mander. Haerlem.
1604.

Cluverii, Introductio in universam geographiam.
Brunsvigæ 1678. *Cum tabulis geographicis.*

384 Craanen, Tractatus physicus medicus de homine.
Lugd. Bat. 1689. *fig.*

———— Observationes, quibus emendatur et illus-
tratur H. Regii Praxis medica. Ibid. 1689.

385 Practicæ medicinæ liber quartus, qui est de morbis
mulierum et infantium, auth. D. Sennerto. Parisiis 1633.

Gardinii, manuductio per omnes medecinæ partes.
Duaci 1634.

386 Den druck van d'ongelukkige maegden, door Hou-
waert. Antw. 1582.

Den Lusthof der Maegden, door den zelven. Ibid.
1583.

387 Vlaemsche vrede-vreucht, door J. Lambrecht. 's Gravenhage 1659.

Zinnebeelden getrokken uyt Horatius Flaccus, naer
Otio van Veen, door A. Jansen. Amst. 1683.
Met plaeten.

388. Het Brittannische ryk in Amerika. Amst. 1721.
Met plaeten en kaerten.

389 Un paquet de Thèses et poësies latines.

390. Ginther, Mater amoris et doloris, quam Christus in
cruce moriens omnibus ac singulis suis fidelibus
in matrem legavit. Aug. Vind. 1741. v. m. *fig.*

391 ———— Speculum amoris et doloris in sacratissimo
ac divinissimo corde Jesu incarnati, eucharistici
et crucifixi, orbi christiano propositum. Ibid.
1731. v. m. *fig.*

392 ———— Currus Israël et auriga ejus, ducens ho-
mines per vias rectas, et in sacra Scripturâ fun-
datas in coelum. Ibid. 1750. 2 vol. v. m.

393 ———— Unus pro omnibus, hoc est : Christus Jesus, Dei Filius pendens in ligno pro homine in-
digno. Ibid. 1743. v. m.

394 Thesaurus sacrorum rituum, auth. B. Gavanto.
Lugd. 1685. 2 t. 1. vol.

395. Exercitium perfectionis et virtutum christianarum,
auct. Alph. Rodericio. Col. Agr. 1631. v.

396. Traité du dernier jour, par le P. Lefebvre. Paris
1691. v.

Tractatus de Deo. *mss.*

Dens, de Religione et Pœnitentiâ. 1758. v. f.

397 Segneri, Homo christianus. Dilingæ 1694. 3 t.
2 vol. v.

398 C. Jansenii, Commentarius in S. J. C. Evangelia.
——————— Commentarius in Pentateuchum.

399 Quatre volumes, contenant plusieurs pièces curieuses
sur la constitution Unigenitus. v.

400 Ginther, Mater amoris et doloris, Aug. Vind.
1726. v. *fig.*
——————— Speculum amoris et doloris, 1731. v. *fig.*

401 Speculum peccatorum, auct. Mantelio. *fig.*
Arx virtutis, sive de verâ animi tranquillitate. *Et
alia in eodem volumine.*

402 J. Hesselii Catechismus. Lov. 1654.

403 Un paquet d'hazard.

404 Les femmes illustres, par De Scudery; avec les
véritables portraits des ces héroïnes, tirés des me-
dailles antiques. Paris 1654.

405 Nouveau livre des cinq ordres d'architecture, par
Vignole. Paris 1776. *Avec 86 planches.*
Un volume d'estampes de physique.

406 Les merveilles de l'amour divin, par de la Serre.
avec fig. défectueux.
Les belles morts de plusieurs Seculiers.
La voix gémissante du peuple chrétien et catholique.
Paris 1640.

407 Veridicus christianus, auct. P. Joanne David. Antv.
1601. *fig.*
Edward Brown's Reyzen door Nederlandt, Duyts-
land enz. *met platen.*

408 Korte verhandeling van den Nederlansche scheeps-

bouw, door Udemans. Middelburg 1757. *Met plaeten.*

Le Nouveau Vignole, ou Règles des cinq ordres d'architecture, par Jacques Barozzio. Paris 1755. *avec 53 planches.*

409 Algemeene verhandeling van de heerschappy der Zee, en een compleét lichaem van de Zee-rechten. Amst. 1757.

410 Encyclopédie françoise, latine et angloise, ou dictionnaire universel des arts et des sciences. Londres 1761. t. 1er, A-K.

411. Papegay, ofte formulier-boek. 2de deel. Plakkaeten van Holland, 3de deel. v.

412. Missale romanum. Antv. 1680.

413 Novæ observationes et additiones ad B. Gavanti Commentaria in rubricas Missalis et Breviarii romani. Auth. C. M. Merati. Aug. Vind. 1740. 2 vol. v.

414 Breviarium romanum. Antv. 1724.

415 La Selve, annus apostolicus. t. 1.
Isagogicon ecclesiasticum, sive instructio et introductio ad cultum divinum tam in celebrandis Missis, quam in legendis Horis canonicis ritè ac debitè instituendum ac peragendum, per J. Kuckeizen. Heidelbergæ 1760. v. *Rarus.*

416. Théâtre de la noblesse du Brabant, représentant les érections des terres, seigneuries etc. Liege 1705. v.
Recueil de la noblesse de Bourgogne, Limbourg, Luxembourg etc. par Le Roux. Lille 1715 v.

417. Un paquet de Thèses de jurisprudence, soutenues à Gand.
Heineccii, Fundamenta stili cultioris. Lov. 1773. *Demi-reliure.*

418 Deux paquets de Thèses de Médecine et de Chirurgie, soutenues à l'université de Gand.

419 Lexicon Latino-Belgicum novum, à Sam. Pitisco : tertiâ editione à variis mendis purgatum et plus quàm sex mille vocabulis et locutionibus ditatum,

curâ et studio Arn. Henr. Westerhovii. Editio quarta. Ab innumeris mendis denuo diligenter repurgata. Rotterodami 1771. 2 vol. v. m. *Nitidissimum exemplar.*

420 Clerici, historia naturalis et medica latorum lumbricorum.

Dictata ad praxin medicam Hermanni Oosterdyk. *Mss.*

421 L. Heisters Heelkundige onderwyzingen, zynde te gelyk met een goed getal werktuigen, tot de heelkonst dienende voorzien. Door H. Ulhoorn. Amst. 1755. 2 deelen, *halven band, met 40 kopere plaeten. Zeer geagt werk.*

422 Petit atlas moderne, ou collection de cartes élémentaires, dédié à la jeunesse. Paris. *Demi-reliure, avec 30 cartes coloriées.*

423 Castelli, Lexicon medicum græco-latinum, à Jacobo Pancratio Brunóne editum. Lipsiæ 1713. *rarum.*

424 Nieuw woordenboek der nederlantsche en latynsche tale, door Hannot; overzien, gezuyvert en vermeerdert door D. van Hoogstraeten. Amst. 1704. v.

Un paquet de cahiers et écrits de médecine.

425 G. Van Swieten, Commentaria in Hermanni Boerhaave Aphorismos de cognoscendis et curandis morbis. Lugd. Bat. 1742-1772. 5 vol. *Demi-rel.*

Indicis in Swietenii Commentariorum tomos quinque Supplementum, in proprios usus confectum, nunc verò publici juris factum à Johanne Gladbachio. Ibid. 1776.

426. Annales Acad. Lovaniensis, 1817-1821. 4 tom. 3 vol.

427 Biblia sacra vulgatæ editionis. Antv. 1641. v. Kalendarium hebraicum, operâ Seb. Münsteri. Basileæ 1527. *Rarum.*

428 Breviarium ad usum sacri ac canonici ordinis Præmonstratensis. Antv. 1698. 2 vol. v. *Doré sur tranche et plat.*

IN-FOLIO.

429 Commentarius in Regulam S. Benedicti. *Incompl.*
Annæi Senecæ opera. Basileæ 1537.
Hieron. Mercurialis, Tractatus varii de re medicâ.
Lugd. 1623.

430 Praxis medica, auct. P. de Sorbait. Viennæ 1680.

431 Historia plantarum, auctore Joanne Raio. Londini
1686-1704. 3 vol. v.

432 L. Riverii, Opera medica universa. Lugd. 1679. v.

433 Le grand Dictionaire historique, ou melange cu-
rieux de l'hist. sacrée et profane, par Morery.
Utrecht 1692. 4 vol. v.

434. Disputationes theologicæ de Deo uno et trino, auct.
A. Coen. Gandavi. 1696. v.

435. Corpus juris civilis, in IV partes distinctum. Fran-
cofurti ad Mœnum 1587. 2 vol. v.

436. Dictionarium casuum conscientiæ, authore Joanne
Pontas. Editio recens, è gallico in latinum con-
cinnata. Luxemburgi 1731 et 1732. 3 vol. v. m.

437 A. Calepini Dictionarium, in quo latinis dictionibus
adjectæ sunt græcæ, gallicæ, italicæ et hispanicæ.
Antv. 1572.

438 Naauwkeurige beschryving van Malabar en Choro-
mandel, door Baldæus. Amst. 1672. *vol kopere
plaeten.*

439 Commentaria in omnes D. Pauli Epistolas, auct.
C. à Lapide. Antv. 1617. v.

440 Gronden, afbeeldingen en beschryvingen der alder-
voornaamste en aldernieuwste gebouwen, door
Ph. Vingboons. Leyden 1715. *Groot papier.
Zeer nuttig werk voor de bouwmeesters.*

441 De koninglyke hovenier door Cause. Amst. v. *Met
schoone kopere plaeten.*
La cour sainte, par le P. Caussin. Paris 1647. 2 t.
1 vol.

442 La sainte Bible, avec sommaires sur chaque livre
du N. T. plus les moyens pour discerner les Bi-
bles françoises catholiques d'avec les huguenotes
etc. par Pierre Frizon. Paris 1621. 3 volumes.
Avec figures en taille-douce.

443 Dictionnaire universel, contenant généralement tous
les mots françois, tant vieux que modernes, et
les termes de toutes les sciences et des arts ; par
Furetiere. La Haye 1690. 3 vol. v.

444 Les plans et profils de toutes les principales villes
et lieux considérables de France, par Tassin.
Paris 1636. *folio-oblongo.*

445. Nieuwen ommelooper van alle de landen, gelegen
ter prochie van S. Michiels, buyten Brugge,
door Fr. Verplancke. *Zeer schoon en zuyver
handschrift. Zeldzaem. Eenig exemplair, lesten
ommelooper van die parochie.*

446 Les coustumes et loix des villes et des chastellenies
du comté Flandre, traduites en françois, par Le
Grand. Cambray 1719. 3 gros volumes. v. m.
Excellent ouvrage.

447. Corpus juris canonici emendatum et notis illustra-
tum. Greg. XIII jussu editum. Parisiis 1618.
v. m.

448 Summa theologiæ scholasticæ , auct. P. G. Herincx.
Antv. 1704. 4 t. 3 vol. v.

449 Idem opus. t. 3 et 4.
Theologia canonico-moralis, auth. A. Michel. Aug.
Vind. 1712. t. 3.

450 Sacrorum utriusque Testamenti librorum absolutis-
simus index, quas Concordantias majores vocant :
tu vel maximas appelles , licet. (Editores Joan-
nes Hervagius, pater et filius.) Basileæ 1561.

451 Legende der heyligen. 2de deel, *defect.*
Vitæ sanctorum , primò quidem per Laur. Surium
editæ (à Jac. Mosandio auctæ) , nunc verò mul-
tis sanctorum auctæ , emendatæ , et notis margi-
nalibus illustratæ. Col. Agr. 1617. 4 vol.

452 Augustini Calmet, Commentarium literale in omnes
ac singulos tum veteris cum novi Testamenti li-
bros, è gallico in latinum sermonem translatum.
Aug. Vind. 1734. 8 tomi, 9 volumina. *Optimè
conservatum exemplar, tabulis æneis adornatum.*

453. Missale romanum. Antv. 1689. *mar. n. avec fer-
moirs d'argent.*

454 Leven en spreuken der Vaderen, door Rosweydus.
Antw. 1607.

455 Missale Romanum. Antv. 1668. v. m.

456 Kerckelyke historie van de geheele weereld, door
P. Hazart. Antw. 1667-1671. 4 deelen, *vol
kopere plaeten; zeer geagt werk.*

457 Generale kerkelyke historie, door den zelven. Ibid.
1623. 1ste deel. v.

458 Generale legende der heyligen, door Ribadineira en
Rosweydus. Ibid. 1629. 2 deelen. v.

459 Catholycke Sermoonen op de evangelien van de
Sondagen en op alle de heyligdagen des jaers, door
F. Costerum. Antw. 1606 en 1616. 2 deelen.
Perkement.

460 Sermoenen van den Bernardus. Loven 1674. v.

461. Recherche des antiquitez et noblesse de Flandres,
par Ph. de l'Espinoy. Douay 1631. v. *Rare.*

462. Triomph van de christelyke leere ofte grooten
Catechismus, en wederlegginge van den Catechismus der Calvinisten. Door P. Hazart. Antw.
1683. 2 deelen. v. *Zeer geagt en zeldzaem
werk.*

463. Kircheri, China illustrata. Amst. 1667. v. *Opus
exquisitissimum, fig. æneis ornatum.*

464 Verheerlykt Vlaandre, door A. Sanderus. Leyden
1735. 3 deelen. v. b. *Schoon en zuyver exemplair, op groot papier, met kopere plaeten.*

IN-OCTAVO.

465. Dictionnaire historique, ou hist. abrégée des hommes
    qui se sont fait un nom par le génie, les talens,
    les vertus, etc. par l'abbé De Feller. 5e édition.
    Paris 1821-1824. 13 vol. *Excellent ouvrage.*
    Supplément à la 5e éd. du Dictionnaire historique
    de l'abbé De Feller. Paris 1825. 2 vol. Ensemble
    15 volumes.

466. Dictionarium tetraglotton.
    Pomey, Dictionarium belgico-latinum.
    Dictionnaire des commençans français et latin.

467 Deux paquets d'hazard.

468 Dictionnaire historique, par une société de gens de
    lettres. Caen 1779. 6 volumes.

469 Elémens de politesse et de bienséance. Liege 1790.
    Pensées de Cicéron, traduites par d'Olivet. Paris
    1765. v. m.

470 Avis au peuple sur sa santé, par Tissot. Lausanne
    1799. 2 vol.
    Conseils pour vivre long-temps. Paris 1783.

471 Deux paquets d'hazard.

472 Van Ey, Synopsis Scripturæ sacræ. Antv. 1771.
    t. 2 et 3.
    Thesaurus contexendarum epistolarum.
    De officio pii, et christianæ pacis verè amantis viri,
    auth. Joanne Hessels. Col. 1566.

473 Méditations sur les vérités chrétiennes et ecclésias-
    tiques, par Chevassu. Lyon 1745. 5 vol. v.

474 Un paquet d'ouvrages incomplets.
    Un paquets de livres classiques.

475 Méditations sur les principaux devoirs de la vie reli-
    gieuse. Paris 1696. v.
    La condamnation du monde, par le mystère de l'in-
    carnation, par Biroat.
    Les conseils de la sagesse. 2 t. 1 v.

476 La grandeur de Dieu dans les merveilles de la nature, par Dulard. Paris 1751. v.

Consilia sapientiæ. v.

Boudon, du respect dû à la sainteté des églises, et des profanations qui s'y commettent. Paris 1752. v.

477 Deux paquets d'hazard.

478 Catéchisme philosophique, par Feller. Liege 1788. 3 vol.

479 Evelina, ou l'entrée d'une jeune personne dans le monde. Amsterdam 1780. 3 vol.

Adèle et Théodore, ou Lettres sur l'éducation. Maestricht 1784. 3 vol.

480 Nouveau commentaire sur l'édit perpetuel, du 12 juillet 1611. Lille.

L'art de soigner les pieds. Paris 1788.

L'esprit d'Henri IV. Ibid. 1770.

Parallèle de la condition et des facultés de l'homme, avec celles des animaux. Bouillon 1770.

481 Legs d'un ancien médecin à sa patrie. v.

Histoires des comtes de Flandre, depuis l'établissement de ses souverains, jusques à la paix générale de Ryswick, en 1697. La Haye 1698. v.

482. Description des Pyrénées, considérées principalement sous les rapports de la géologie, de l'écomie politique, rurale et forestière, de l'industrie et du commerce. Par Dralet. Paris 1813. 2 t. 1 vol. *Demi-reliure, avec cartes et tableaux.*

483 Vingt-neuf Lettres sur les quatre articles, dits du clergé de France, par le Card. Litta. Louvain 1822.

Les principes de la sagesse, par le Père Salazar. Ibid. 1826.

La loi de la nature, développée et perfectionnée par la loi évangélique; par l'abbé Pey. Ibid. 1826.

484 Essai historique sur l'influence de la religion en France pendant le dix-septième siècle. (Par Picot.) Ibid. 1824. 2 volumes.

485 Les soirées de S. Pétersbourg, ou entretiens sur le

gouvernement temporel de la Providence. Par
le comte De Maistre. Anvers 1822. 2 volumes.
486 Du Pape; par le même. Louv. 1821. Gros volume.
487 Philosophie sociale; ou essai sur les devoirs de l'homme
et du citoyen; par l'abbé Durosoy. Ibid. 1822.
Missions de Marseille et de Montpellier et fragment
sur la mission militaire de Versailles. Ibid. 1822.
488 A tous les catholiques romains du royaume des Pays-
Bas. 1821.
Plaidoyer de Marchangy, à la cour royale de Paris;
dans la conspiration de la Rochelle. 1822.
Panegyrique de S. Vincent de Paul, par Mgr l'év.
de Troyes. 1822.
Instruction pastorale de Mgr l'év. de Troyes, sur
l'impression des mauvais livres. 1821.
489 Sur les delais de la justice divine dans la punition
des coupables. 1822.
Méthode courte et facile pour se convaincre de la
vérité de la Religion catholique. 1823.
Quelques réflexions sur le procès du Constitutionnel
et du Courrier; par l'abbé De La Mennais. 1825.
Eudolie ou la jeune Malade. 1825.
Zoé ou la femme légère. 1825.
490 Relation des missions du Paraguai, trad. de l'italien
de Muratori. 1822.
Extraits de quelques SS. Pères, traduction du grec.
1825.
L'apologétique et les Prescriptions de Tertullien.
Traduction de l'abbé de Gourcy. 1825.
La vérité défendue et prouvée par les faits. Édit.
augm. d'extraits et d'une préface par de Robiano
de Borsbeek.
Nota. Les ouvrages, depuis le N° 483, sont des éditions
de la *Bibliothèque catholique*, grand-octavo.
491 Institutiones pathologiæ medicinalis, auct. Gaubio.
Lov. 1782.
Vade-mecum du jeune médecin, par Bourgeoise.
Paris 1817.

F. Glissonii, Anatomia hepatis.

492 Expositio anatomica structuræ corporis humani Jac.
     Winslow, è gallico latinè reddita. Francofurti
     1753. 3 vol. v. m. *Cum figuris æneis.*

493 Dictionnaire portatif françois-italien et italien-fran-
     cois, extr. du Grand Dict. d'Alberti. Lausanne
     1799. 2 volumes.

494 Mémoires sur les os, par Fougeroux. *Avec fig.*
     Leçons élémentaires de chimie, à l'usage des Lycées;
     par Adet. *Demi-reliure.*
     Oosterdyk Schacht, Institutiones medicinæ practicæ,
     in epitomen redactæ. Trajecti ad Rhenum 1765.

495 J. Huxami, Opera physico-medica, curante G. C.
     Reichel. Lipsiæ 1764. 3 t. 2 vol. *Demi-reliure.*

496 Tentamen medico-practicum, sive quæstiones medicæ
     selectæ. Lov. 1791. 4 vol.
     Haller, Primæ lineæ physiologiæ. Ibid. 1758.
     Oosterdyk Schacht, Institutiones medicinæ practicæ
     in epitomen redactæ. Amst. 1767.

497 Nieuwe fransche en nederduytsche Grammaire, door
     Mauger. Antw.
     Essai sur les maladies des gens du monde, par
     Tissot. Paris 1772.
     Avis au peuple sur sa santé, par le même. Ibidem
     1780. 2 volumes.

498 Annales de littérature médicale étrangère, rédigées
     par Kluyskens et Francken. Gand 1805-1809.
     44 cahiers, *incomplet.*
     L'art de fabriquer le Salin et la Potasse.

499 Spectacle de la nature, par Pluche. t. 2 et 3. v.
     Avec figures.
     Theologia J. Van Bossuyt. t. 1. v.

500 Traité sur le sang, l'inflammation et les playes d'armes
     à feu. Trad. de l'anglois de Hunter, par Dubar.
     Ostende, an VII. 3 vol.

501 Nosographie philosophique, ou la méthode de l'a-
     nalyse appliquée à la médecine, par Pinel. Paris
     1813. t. 1 et 2.

(49)

502. Exposition anatomique de la structure du corps humain, par Winslow. Paris 1775. 4 vol. *Avec fig. demi-rel.*

503 Aphorismes de Boerhaave sur la connoissance et la cure des maladies. Paris 1739. v.
Nouveau cours de chymie, suivant les principes de Newton et de Sthall. Ibid. 1723. 2 vol. v.

504 L'ami des hommes, ou traité de la population ; par le marquis de Mirabeau. La Haye 1758-1762. 6 vol.

505. Secrets concernant les arts et les métiers. Brux. 1755. 2 vol. *A dos de v. rouge.*

506 Histoire de l'empire, contenant son origine, ses progrès, ses révolutions etc. Par Heiss. La Haye 1715. 3 vol. v.

507 Mémoires de M. le marquis de Feuquière, lieutenant général des armées du Roi. Paris 1737. 4 vol. *Avec plans et cartes, propr. reliés en v. br.*

508 OEuvres de M. De Fontenelle. Amst. 1764. 12 vol. v. m. *Avec fig.*

IN-QUARTO.

509. Jansenii, Commentarius in Evangelia.
Bloemhof der doorluchtige voorbeélden. Amsterdam 1647.

510 Coutumes et usages de Lille.
Wetten costumen en statuten van Veurne.
Mundi lapis lydius. v. *fig.*

511 Deux paquets de musique écrite et imprimée, pour piano.

512 Deux paquets idem.

513 Deux paquets idem.

514 Deux paquets idem.

515. Dictionnaire françois-anglais, par Boyer. Amst. 1717.

516 Corporis humani anatomia, auth. Verheyen. Brux. 1726. 2 vol. v.

517 Laur. Bellini, de urinis et pulsibus, de missione
sanguinis etc. Cum præf. H. Boerhaave.
Des Cartes, Tractatus de homine. *fig.*
518 Traité complet des accouchemens naturels, non naturels, et contre nature, par De La Motte. Paris
1721. v.
519 Sandifort, Exercitationes academicæ (de cranio).
Lugd. Bat. 1783. *Cum 15 tabulis æneis.*
520. Vie de la vénérable mère Marie de l'Incarnation,
première supérieure des Ursulines de la Nouvelle
France. Paris 1677. v.

IN-FOLIO.

521. In Epistolam B. Pauli ad Philipp. Commentarii,
auct. Velazquez. v.
522 Bonacinæ, Operum de morali theologia, tom. sec.
523 Grand Dictionaire historique, par Morery. Nouv.
éd. Amst. 1702. 4 tomes, 2 volumes.
524. Andreæ Vesalii Opera omnia anatomica et chirurgica,
curâ Hermanni Boerhaave. Lugd. Bat. 1725. 2 vol.
Cum fig. æneis quamplurimis. 2 vol. defect.
Opus rarum et exquisitum, cum figuris exactissimis totius
cursûs anatomici.
525 Theses medicæ. *Demi-reliure.*

MUSIQUE ET INSTRUMENS.

526. La bataille de Jena et l'ouverture de Cosa-rara, ar-
rangées pour deux flutes.
527 Six Duos, par Gebauer.
528 Dix airs concertans, extrait de l'Opera d'une folie.
529 Le siège et la prise de Gaëte, grand pot-pourri militaire, arrangé par Gasseau.
530 Deux Duos des mystères d'Isis, par Mozart, arrangés
pour deux flutes.

531 Six Duos concertans, par Krasinsky.

532 Six Duos concertans, par Hoffmeister.

533 Trois grands Duos concertans, pour flute et violon, par Haydn.

534 Six Duos concertans, par Krasinsky.

535 Six Duos concertans pour flute et violon , par A. S.

536 Trois quatuors pour flute, violon, alto et violoncelle, par Pleyel.

537 Six sonates pour flute et basse par Hoffmeister.

538 Six sonnatines pour flutes, par Pleyel, et deux journaux de violon.

539 Trois Duos pour flute et hautbois ou violon, par Hoffmeister, et autres morceaux endommagés et incomplets.

540 Une bonne flute, en buis.

541 Une excellente flute en buis, montée en ivoire, à plusieurs pièces de réchange, par Rottenburgh.

542 Une très-excellente flute en os, à cilindre, montée en argent, à plusieurs pièces de rechange.

543. Un très-bon piano, à cinq octaves, et deux pédales.

OBJETS DIVERS.

544. Deux tableaux représentant N. S. en croix, et la S.te Vierge entourée des instrumens de la passion, par Franck.

545. Une grande quantité de lettres en cuivre, pour faire des chronogrammes.

546 L'Empire d'Allemagne, distingué suivant l'étendue de tous les états, principautés etc. *Grande carte géographique collée sur toile et encadrée.*

547. Cinq grandes cartes géographiques, par De Vaugondy, représentant la Mappemonde, l'Europe, l'Asie, l'Amérique Méridionale et Septentrionale. Paris 1817-1821. *Collées sur toile et encadrées.*

548 Vingt-huit cartes géographiques, par A. Ortelius, encadrées, avec la description latine par derrière.

Trois Proseconcetans, par Krasinsk.

Duos concertans, par Hoffmeister.

Trois grands Trios concertans, pour flûte et violon, par Haydn.

Duos concertans, par Krasinsky.

Six Duos concertans pour flûte et violon, par A. S.

Trois quatuors pour flûte, violon, alto et violoncelle, par Pleyel.

Six sonates pour flûte et basse par Hoffmeister.

Six sonatines pour flûtes, par Pleyel, et deux accompagnemens de violon.

Trois-Deux part flûto et hautbois ou violon, par Hoffmeister, et autres morceaux endommagés et incomplets.

Une bonne flûte, en buis.

Une excellente flûte en buis, montée en ivoire, à plusieurs pièces de rechange, par Rottenburgh.

Une très excellente flûte [...] ga, à cylindre, montée en argent, à plusieurs pièces de rechange.

Un très-bon piano à cinq octaves, et deux pédales.

OEUVRES DIVERS.

I

Deux tableaux représentant N. S. en croix, et la Ste Vierge entourée des instruments de la passion, par Evrard.

Une grande quantité de lettres en cuivre, pour faire des chronogrammes.

L'Empire d'Allemagne, distingué suivant l'étendue de tous les états, principautés etc. Gravé sur la géographique collée sur toile et encadrée.

Trois grandes cartes géographiques, par De Vaugondy représentant la Mappemonde, l'Europe, l'Asie, l'Amérique Méridionale et Septentrionale. Paris 1817-1821. Collées sur toile et encadrées.

Vingt-huit cartes géographiques, par A. Ortelius, encadrées, avec la description latine par derrière.